Ernst Probst

Lana Turner - Das erste "Glamour-Girl"

GRIN Verlag

Bibliografische Information der Deutschen Nationalbibliothek:

Die Deutsche Bibliothek verzeichnet diese Publikation in der Deutschen National-
bibliografie; detaillierte bibliografische Daten sind im Internet über http://dnb.d-
nb.de/ abrufbar.

Impressum:

Copyright © 2012 GRIN Verlag, Open Publishing GmbH
Druck und Bindung: Books on Demand GmbH, Norderstedt Germany
ISBN: 978-3-656-19353-1

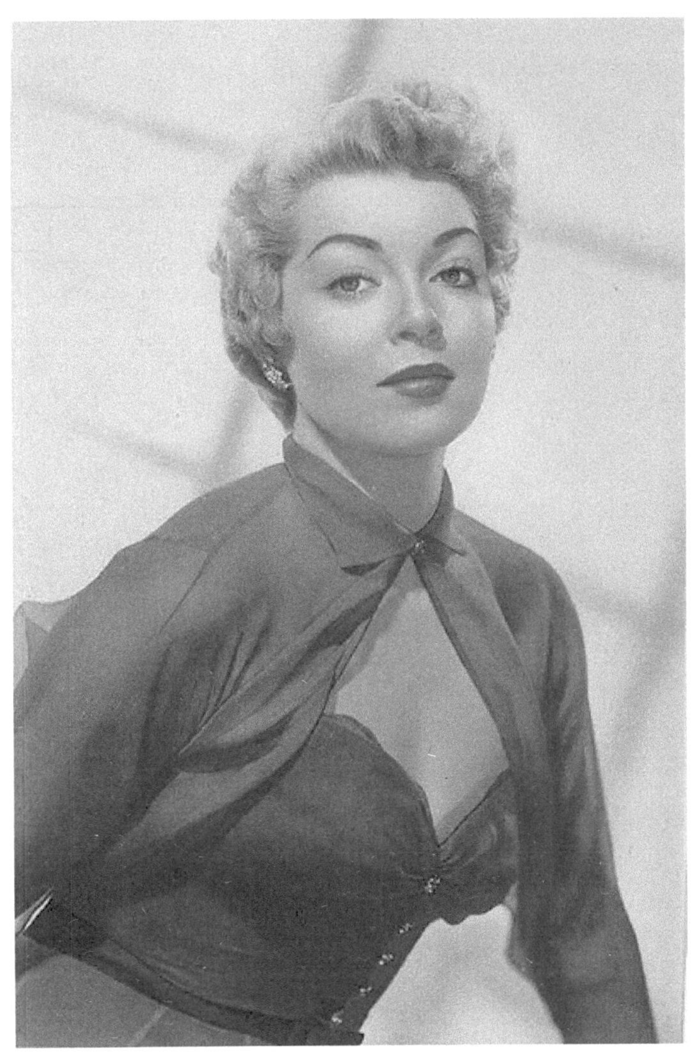

Lana Turner (1921–1995)

Ernst Probst

Lana Turner

Das erste „Glamour-Girl"

Beate Werner,
Bernd Werner,
Marianne Werner,
Otto Werner,
Sonja Werner,
Dr. Jochen Werner,
Christine Werner und
Steffen Werner
gewidmet

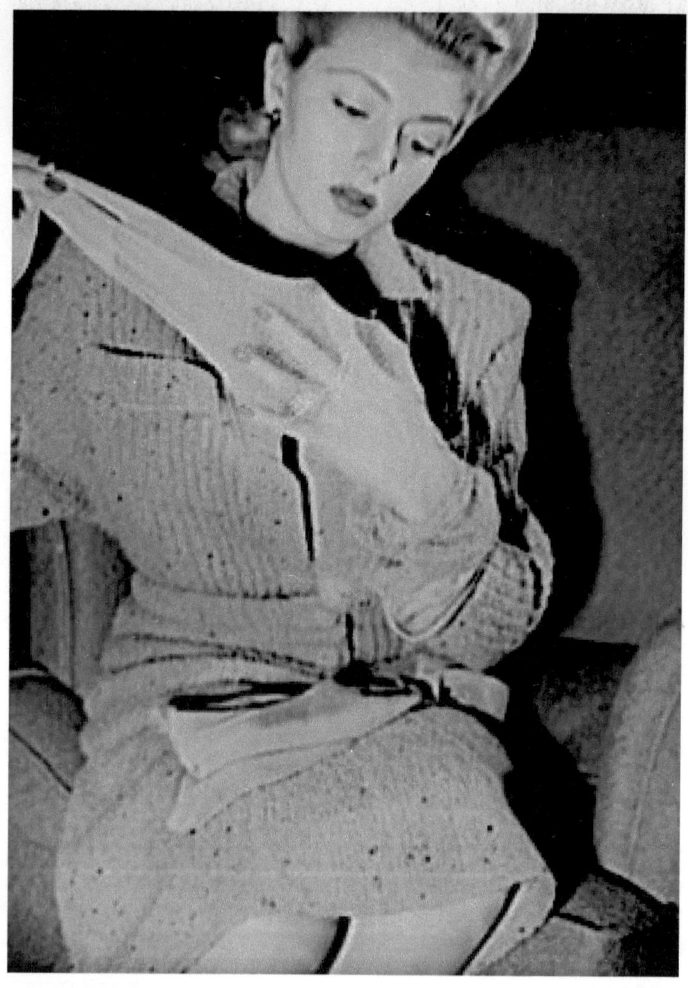

Lana Turner im Jahre 1941

Lana Turner

Das erste „Glamour-Girl"

Hollywoods größte Schauspielerin der 1940-er Jahre war Lana Turner (1921–1995), die eigentlich Julia Jean Mildred Frances Turner hieß. In der Geschichte des Films ist sie die Erste gewesen, die man als „Glamour-Girl" bezeichnete. Am besten verkörperte sie Frauen, die sündigten oder auch mordeten. Als platinblonde Sexgöttin nahm sie in den 1940-er und 1950-er Jahren viel von der späteren Marilyn-Monroe-Manie vorweg. Ihre acht Ehen und Skandale lieferten der Regenbogenpresse reichlich Stoff.

Julia Jean Mildred Frances Turner kam am 8. Februar 1921 als Tochter von John Virgil Turner und Mildred Frances Turner, geborene Cowan, in der Bergarbeiterstadt Wallace (Idaho) zur Welt. Ihre Mutter hatte bereits im Alter von 15 Jahren geheiratet. Ihr Vater hatte einen Hang zum Glücksspiel. Er wurde 1929 auf der Straße um einen Gewinn beraubt und erschlagen, als seine Tochter acht Jahre alt war. Von ihrer mittellosen Mutter wurde das Mädchen zunächst Pflegeeltern anvertraut. Später zogen Mutter und Tochter nach Kalifornien. 1936 eröffnete die Mutter in Los Angeles (Kalifornien) einen kleinen Schönheitssalon. Ihre Tochter besuchte in Hollywood die Klosterschule „Convent of Immaculate Conception" („Konvent der Unbefleckten Empfängnis").

Über die eigentliche Entdeckung von Lana Turner gibt es unterschiedliche Versionen. Einmal heißt es, sie habe als Kellnerin in einem Eissalon am Sunset Boulevard in Hollywood bedient, als man auf sie aufmerksam wurde. Andererseits wird erzählt, sie sei Stenotypistin bei einer Versicherungsgesellschaft gewesen, als sie 1937 in einem kleinen Café dem Chefredakteur des „Hollywood Reporter", Billy Wilkerson (1890–1962), auffiel. Nach einer anderen Variante schwänzte sie die Schule, trank in „Sawab's Drugstore" eine Cola und erregte dabei die Aufmerksamkeit von Billy Wilkerson. Nach eigenem Eingeständnis hatte sie damals nicht viel mehr als „einen Busen und einen Hintern" zu bieten.

Der Journalist Billy Wilkerson soll die Turner dem Hollywood-Regisseur Mervin LeRoy (1900–1987) vorgestellt haben. Bei diesem richtungsweisenden Gespräch trug sie angeblich einen viel zu engen Pullover. LeRoy war offenbar von der Turner beeindruckt. Denn er gab ihr die Chance, als Statistin in dem Melodram „A Star Was Born" („Ein Stern geht auf", 1937) mitzuwirken. Eine weitere winzige Rolle erhielt sie in dem Film „The Won't Forget" („Der dritte Grad", 1937). In diesem Justizdrama sah man sie in einer Szene als Mordopfer in einem etwas zu engen Pullover (englisch: Sweater) durch das Bild laufen.

Nach seinem Wechsel zu „Metro-Goldwyn-Mayer" („MGM") verschaffte LeRoy der Turner 1938 einen Vertrag mit diesem Filmstudio. Um ihr sexuelles Image zu fördern, schlug er ihr das Pseudonym „Lana" vor. Wegen ihrer beachtlichen Oberweite stellte man Lana Turner als Sexsymbol und als so genanntes „Sweeater Girl" („Pullimädchen" oder „Pullovermädchen" heraus.

Dank Nebenrollen in so genannten A-Filmen und Hauptrollen in B-Streifen entwickelte sich das Starlet Lana Turner allmählich zu einer ernstzunehmenden Schauspielerin. „MGM" versuchte, sie als Nachfolgerin für die überraschend gestorbene Jean Harlow (1911–1937) aufzubauen.

In dem Streifen „Love Finds Andy Hardy" (1938) prägte der Filmpartner Mickey Rooney für Lana Turner den Titel „Glamour-Girl". Dieses Wort wurde zu einem feststehenden Begriff in der Filmsprache.

Als „Sweatergirl" löste Lana Turner in den USA einen nationalen Trend aus, von dem außer ihr auch die Kosmetik- und Dessousindustrie profitierte. Filme, Magazinbeiträge und Abertausende von Pin-up-Fotos trugen dazu bei, dass in den Vereinigten Staaten innerhalb eines Jahres viereinhalb Millionen schaumstoffverstärkte Büstenhalter und attrappenähnliche Korsagen verkauft wurden.

Nach einigen weiteren Streifen hatte Lana Turner mit dem Film „Ziegfeld Girl" („Mädchen im Rampenlicht",

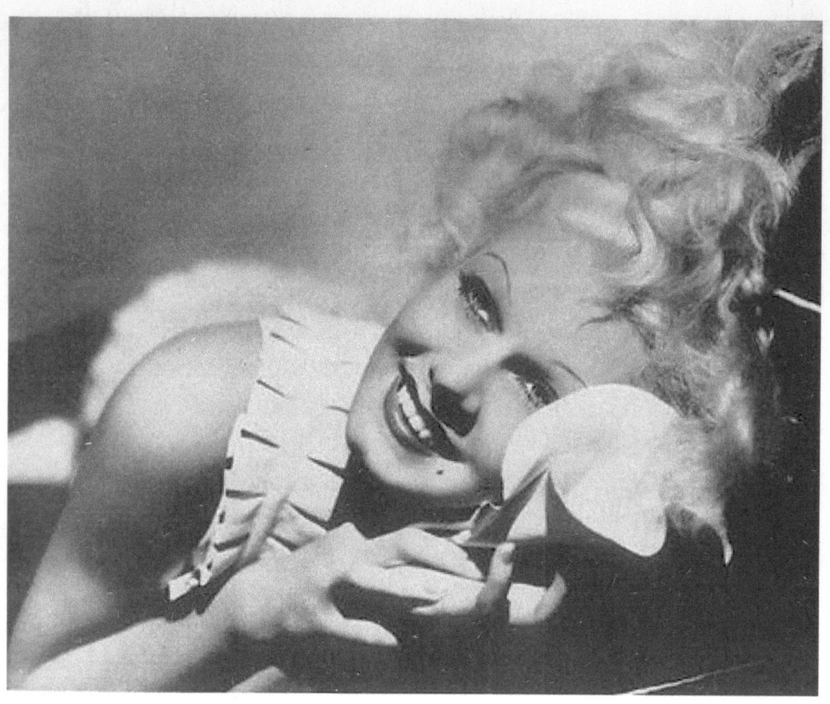

Jean Harlow (1911–1937)

1941) bereits als 20-Jährige den künstlerischen Durchbruch geschafft. Im selben Jahr sah man sie in „Honky Tonk" („Ein toller Bursche", 1941) an der Seite des Herzensbrechers Clark Gable (1901–1960). Während des Zweiten Weltkrieges (1939–1945) war die Turner ein beliebtes Pin-up-Girl.

Den Höhepunkt ihrer Popularität erreichte Lana Turner mit ihrer Rolle als mörderische Ehebrecherin in dem Thriller „The postman always rings twice" („Im Netz der Leidenschaften", 1946). Dieser Film mit seiner für jene Zeit recht unverblümten Darstellung von Verführung, Ehebruch, Gewalt und Mord war eine untypische Produktion des Filmstudios „MGM", das ansonsten eher familienfreundliche Unterhaltung auf der Kinoleinwand präsentierte.

Nur knapp entgingen Clark Gable und Lana Turner 1947 bei Dreharbeiten für den Kriegsfilm „Homecoming" („Dr. Johnsons Heimkehr", 1948) einem folgenschweren Unfall. Für eine Szene mussten die Beiden als Arzt und Pflegerin in ein Zelt stürzen, das beim Angriff auf Anzio in Brand geschossen wurde. Bevor Clark und Lana das Zelt betraten, hatte ein benachbartes Zelt bereits Feuer gefangen. Die vorbereitete Munition explodierte einige Minuten zu früh. Wie durch ein Wunder konnten die Beiden unverletzt aus den brennenden Trümmern gerettet werden.

Bei einem Wettbewerb im Jahre 1947 wurde Lana Turner, die damals Mutter der dreijährigen Tochter Cheryl war,

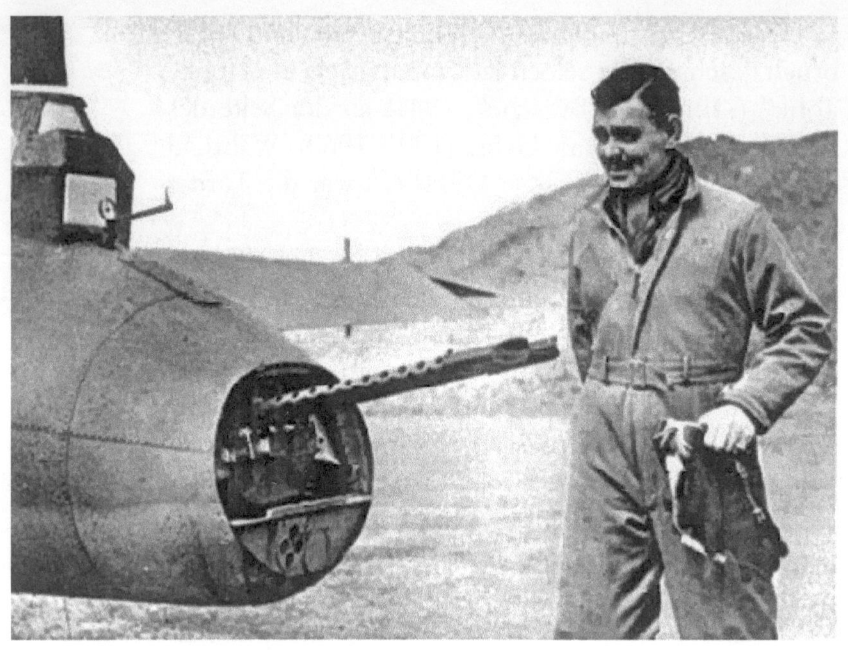

Clark Gable (1901–1960)

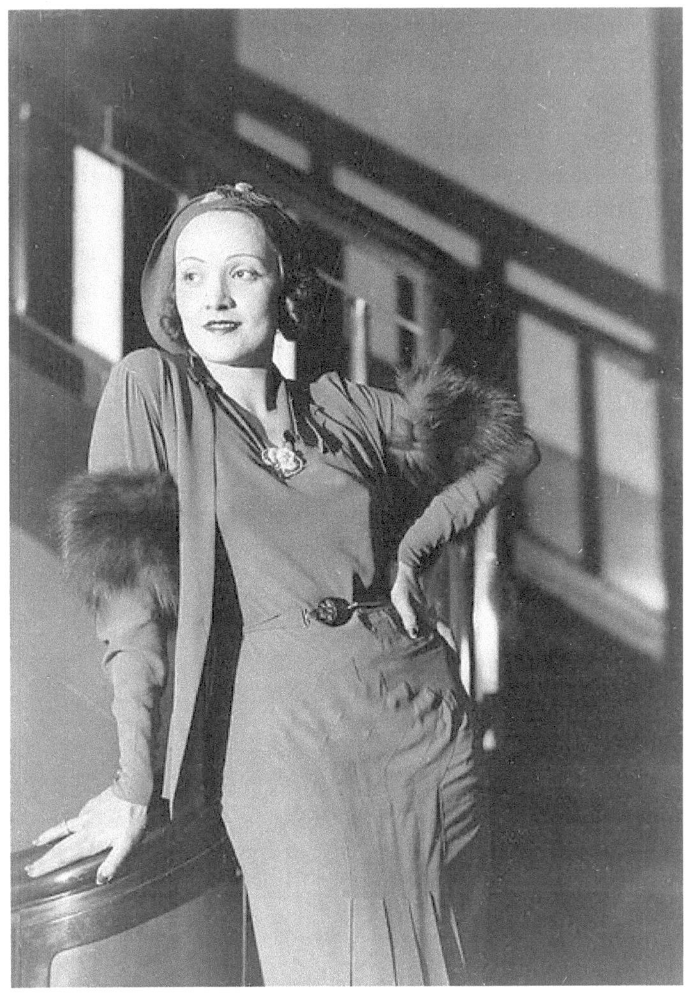

Marlene Dietrich (1901–1992)

als eine der drei „schönsten Mütter der USA" gewählt. Neben ihr konnten sich Marlene Dietrich (1901–1992), die Mutter der 22-jährigen Schauspielerin Maria Manton, und Belle Taylor Tierney, die Mutter der 26-jährigen Schauspielerin Gene Tierney, über diesen Titel freuen. Für ihre Rolle als neurotische Witwe in „Peyton Place" („Glut unter der Asche", 1957) erhielt Lana Turner ihre erste und einzige Nominierung für den „Oscar" als beste Hauptdarstellerin. Jener Streifen zeigte die Turner in einem Drama um häusliche Gewalt, Inzest, Vergewaltigung, Selbstmord und Rassenvorurteile. Diese Verfilmung des skandalträchtigen Buches „Peyton Place" von Grace Metalious (1924–1964) galt damals als größter Verkaufserfolg seit der Verfilmung des Romans „Vom Winde verweht" (1939) von Margret Mitchel (1900–1949).

Als letzter großer Erfolg von Lana Turnier gilt der Film „Imitation of Life" („So lange es Menschen gibt", 1959). Ende der 1950-er Jahre verfiel sie zunehmend dem Alkohol.

Eines Tages soll Lana Turner gezwungen gewesen sein, wegen eines Brandes ihre Wohnung schnell zu verlassen. Sie benötigte nur wenige Minuten, um das Wichtigste einzupacken: ihren Lippenstift, ihren Augenbrauenstift und ihren Haarfön.

Auch als Produzentin betätigte sich Lana Turner erfolgreich. 1958 gründete sie die „Lanturn Productions" und 1966 die „Eltee Productions". In den

1960-er Jahren sah man die Turner vor allem im
Fernsehen. 1969 wirkte sie in 15 Folgen der TV-Serie
„The Survivors" mit. Ihr letzter Film „Witches' Brew"
kam 1980 in die Kinos. In den 1980-er Jahren trat sie im
Theater auf und spielte in der amerikanischen Fern-
sehserie „Falcon Crest" mit, die auch in Deutschland
gesendet wurde.

Lana Turner war insgesamt achtmal verheiratet. Sie hatte
aber „nur" sieben Ehemänner, weil sie einen gleich
zweimal ehelichte. Keine ihrer Ehen dauerte länger als
fünf Jahre.

Im Alter von 19 Jahren ehelichte Lana Turner 1940 den
Jazzmusiker und Bandleader Artie Shaw (1910–2004).
Die erste Ehe hielt lediglich vier Monate. Shaw brachte
es im Laufe seines Lebens auf insgesamt acht Ehen.
Zu seinen Gattinnen gehörten unter anderem die
amerikanischen Schauspielerinnen Ava Gardner (1922–
1990) und Evelyn Keyes (1916–2008).

Den Schauspieler und Restaurateur Steven Crane (1916–
1985) heiratete Lana Turner sogar zweimal: zunächst
am 17. Juli 1942 und später nach der Annullierung der
Ehe vom 4. Februar 1943 erneut am 14. März 1943. Aus
dieser Verbindung stammt die am 25. Juli 1943 geborene
Tochter Cheryl Crane. Mitte August 1943 ließ sich Lana
endgültig von ihm scheiden.

Ehemann Nummer drei wurde Ende April 1948 der
Zinn-Millionär Henry J. („Bob") Topping junior, der
erst vier Tage vorher geschieden worden war. Das

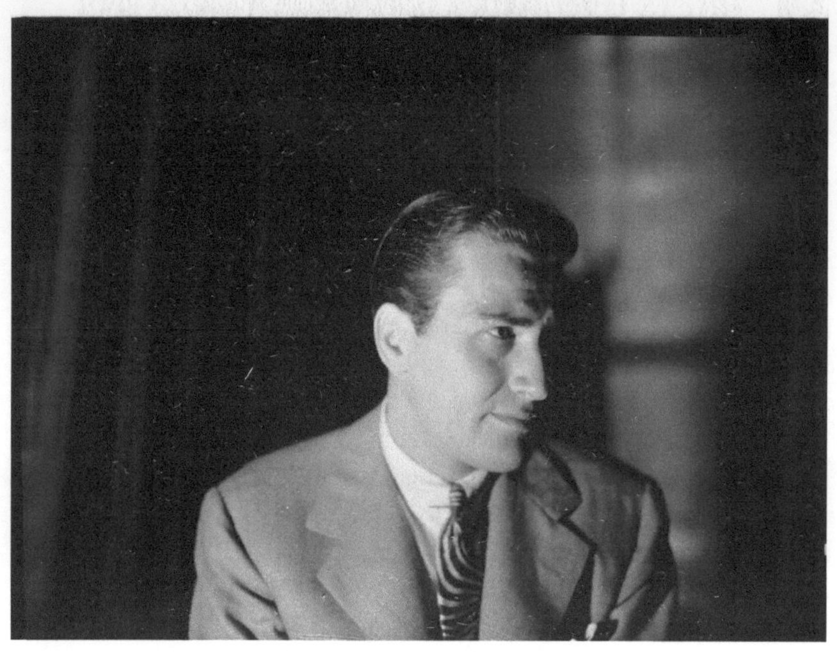

Artie Shaw (1910–2004),
erster Ehemann von Lana Turner

Foto auf Seite 17:

Ava Gardner (1922–1990),
eine der acht Ehefrauen von Artie Shaw

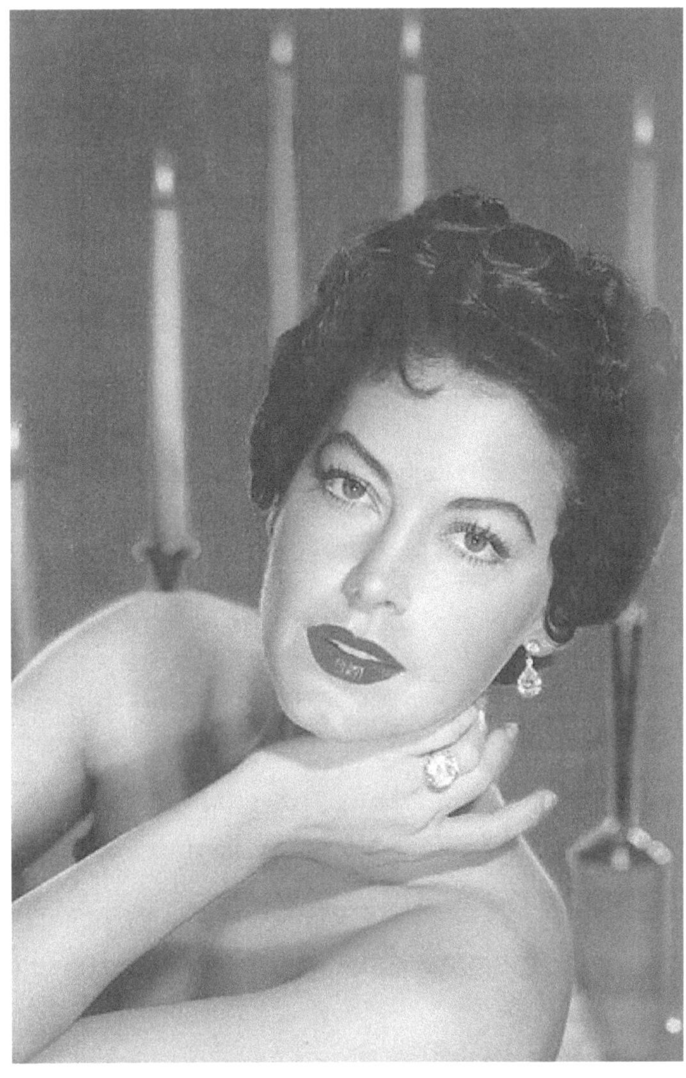

traumhafte Hochzeitskleid der Braut kostete 30.000 US-Dollar. Zur filmreifen Hochzeitstafel gehörten riesige Hummer. Noch einige Wochen vor der Hochzeit hatte die damals 37-jährige Lana uncharmant erklärt, sie denke nicht daran, Topping zu heiraten. höchstens wenn sie 90 Jahre alt wäre. Mit Topping hielt es Lana vier Jahre und sieben Monate bis Mitte Dezember 1952 aus.

Als vierter Ehemann folgte der Schauspieler und Tarzan-Darsteller Lex Barker (1919–1973), den Lana Turner 1952 kennengelernt hatte und 1953 heiratete. Diese Ehe hielt bis 1957. Lana trennte sich angeblich von Lex, als sie von ihrer minderjährigen Tochter Cheryl erfuhr, dass ihr Ehegatte das Mädchen jahrelang missbrauchte. Dies soll der letzte Auslöser für die Trennung gewesen sein, nachdem es zwischen Lana und Lex schon länger gekriselt hatte. Der 1,93 Meter große Barker galt als warmherziger und freundlicher Mann ohne Starallüren. Er hatte aber eine Schwäche für andere Frauen, war Kettenraucher und starker Trinker. Im Laufe seines Lebens heiratete er insgesamt fünfmal.

Am Karfreitag 1958 erstach die 14-jährige Cheryl den Geliebten ihrer Mutter, den Gangster Johnny Stompanato (1925–1958), in Notwehr mit einem Küchenmesser. Stompanato hatte Lana Turner und ihrer Tochter Cheryl nach einem erbitterten Schlafzimmerstreit angedroht, sie beide umzubringen. Im Prozess ging es um eine mögliche Mitschuld von Turner. Der Auftritt von Lana als verzweifelte Mutter im Zeugenstand wurde von einigen Zeitungen als ihre größte schauspielerische Leistung empfunden. Der Gangster Mickey Cohen, dessen Freund und Leibwächter der Erstochene gewesen war, rächte sich, indem er Liebesbriefe der Turner an Stompanato der Presse überließ.

Der amerikanische Schriftsteller Harold Robbins (1916–1997) erzählte diese traurige Geschichte lediglich unwesentlich verändert in seinem Roman „Where Love has Gone" („Wohin die Liebe führt", 1964). In der Verfilmung dieses Stoffes spielte die amerikanische Schauspielerin Susan Hayard (1917–1975) die Hauptrolle.

John Stompanato, der zehnjährige Sohn des erstochenen Gangsters Johnny Stompanato, konnte nach einem Gerichtsentscheid als Alleinerbe die Hinterlassenschaft seines Vaters in Empfang nehmen. Das bescheidene Erbe bestand aus 50 US-Dollar und 10 Cent, die man in den Taschen des Toten gefunden hatte, sowie einem Bankguthaben von 224 US-Dollar.

Von 1960 bis 1962 war der Kaufmann Fred May der fünfte Ehemann von Lana Turner. Diese Ehe wurde nach knapp zwei Jahren in Juárez (Mexiko) wegen „Unvereinbarkeit der Charaktere" geschieden.

Als Ehemann Nummer 6 von Lana Turner folgte von 1965 bis zum 2. April 1969 der Filmkaufmann Robert Eaton. Er war zehn Jahre jünger als seine damals 44-jährige Baut.

In Las Vegas (Nevada) lernte Lana Turner ihren siebten Ehemann Ronald Peller kennen, der ein Jahr älter als sie

Foto auf Seite 21:

In diesem Haus in Beverly Hills (Kalifornien)
wohnten Lana Turner und ihr Geliebter Johnny Stompanato.
Dort hat die 14-jährige Tochter Cheryl
am Karfreitag 1958
den Geliebten ihrer Mutter
nach einem erbitterten Schlafzimmerstreit
in Notwehr
mit einem Küchenmesser erstochen.

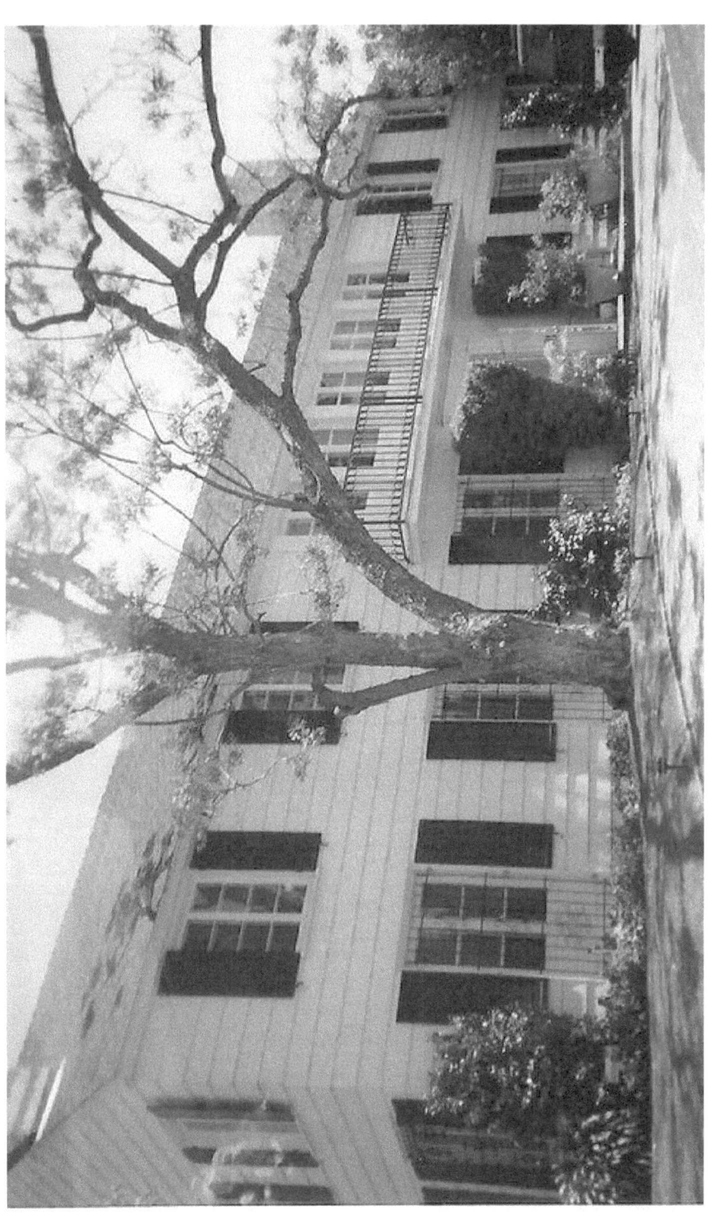

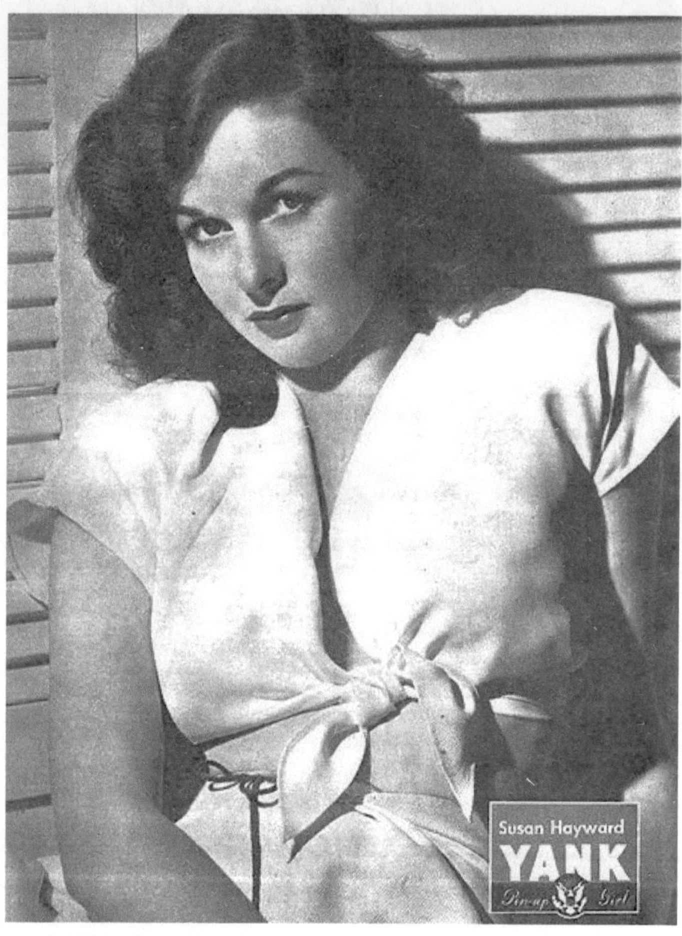

Susan Hayard (1917–1975)

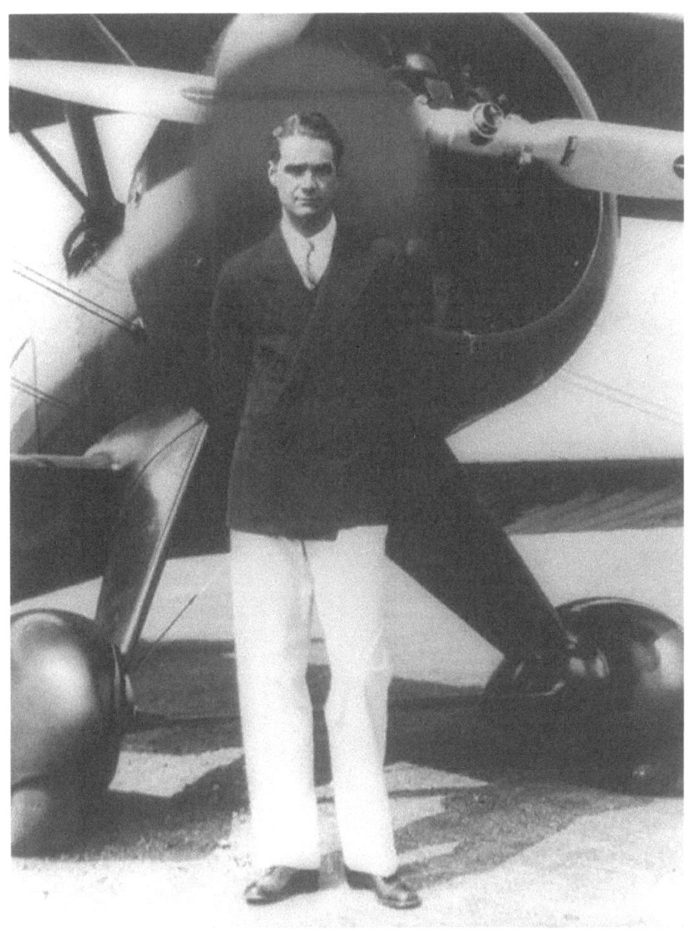

Howard Hughes (1905–1976)

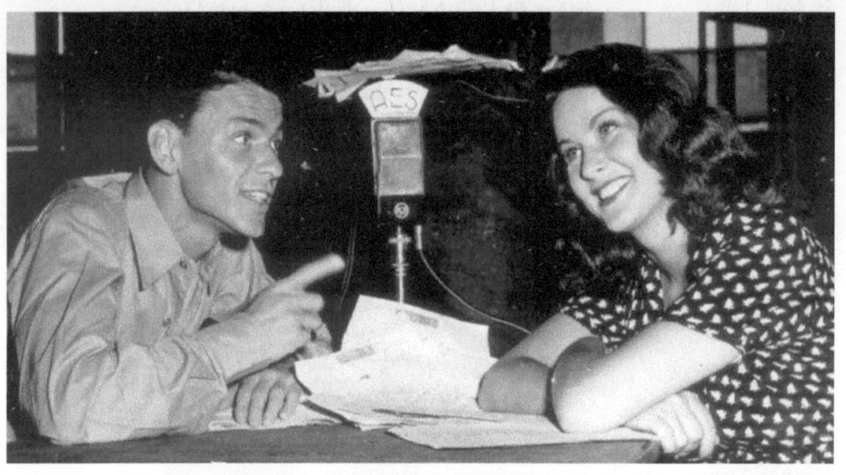

Frank Sinatra (1915–1998), links

war. Der bereits einmal geschiedene Nervenarzt trat unter dem Künstlernamen Ronald Dante als Hypnotiseur in einem Nachtclub auf. Nach der Trauung erklärte der Bräutigam über seine Braut: „Sie ist das schönste Geschöpf der Welt, und ich habe ganz schnell zugegriffen. Diese Ehe hielt von 1969 bis 1972.

Lana Turner werden auch viele Affären nachgesagt. Angeblich zählten der Unternehmer, Filmproduzent und Luftfahrtpionier Howard Hughes (1905–1976), der Schauspieler Tyronne Power (1914–1958) sowie der Schauspieler, Sänger und Entertainer Frank Sinatra (1915–1998) zu ihren zahlreichen Liebhabern.

Unter den männlichen Begleitern von Lana Turner dürfte der legendäre Milliardär Howard Hughes die schillerndste Figur gewesen sein. Der als junger Mann gutaussehende, aber nahezu taube Hughes war in den 1930-er und 1940-er Jahren bei seinen öffentlichen Auftritten als Filmproduzent von weiblichen Filmstars umgeben, die oft über sein Bettlaken auf die Kinoleinwand wollten. Außer Lana Turner gehörten Ava Gardner (1922–1990), Ginger Rogers (1911–1995), Katharine Hepburn (1907–2003) und Jean Peters (1926–2000), die er 1957 heiratete und von der er 1971 geschieden wurde, zu seinen Begleiterinnen. Ungeniert brüstete er sich damit, 200 Mädchen entjungfert zu haben. In den 1950-er Jahren zog sich Hughes von der Öffentlichkeit zurück und wurde immer wunderlicher. 1972 hieß es über den 1,90 Meter großen Hughes, er wiege nur 42 Kilogramm, esse wenig und trinke nur Milch und Quellwasser. Sein nahezu hüftlanges Haupthaar zottele ihm über die Schulter, sein grauer Vollbart reiche ihm auf die Brust. Er fürchte sich vor Menschen und Bakterien. Seine Füße steckten in Kleenex-Kartons, weil seine Fußnägel – ebenso wie seine Fingernägel – schätzungsweise 20 Zentimeter lang seien. Die Fenster seiner Feudalwohnung auf einer Insel seien verhängt. Vor einer grünen Eisentür und auf dem Dach ständen Wachen, die ihn nie zu Gesicht bekämen. Irgendwann glaubte man, er sei bereits gestorben, was er aber dementierte.

Der Ruf von Frank Sinatra war nicht der Allerbeste. Sein Ansehen litt unter zahlreichen Liebesaffären mit teilweise prominenten Frauen, wiederholten Alkoholproblemen und später sogar Gerüchten über enge Verbindungen zum organisierten Verbrechen. „Frankyboy" war insgesamt viermal verheiratet, unter anderem mit Ava Gardner, die wie Lana Turner zu den Geliebten von Howard Hughes zählte.

In ihren umstrittenen Memoiren „Lana: The Lady, The Legend, The Truth" („Lana: Die Lady, die Legende, die Wahrheit", 1992) berichtete Lana Turner über Enttäuschungen, Misshandlungen, einige Abtreibungen und Totgeburten sowie über einen gescheiterten Selbstmordversuch. In diesem Buch stellte sie auch die Frage, warum sie sich immer von den falschen Männern angezogen fühlte und warum sie immer als Opfer enden musste. Nach Ansicht von Kritikern strotzten die Memoiren von Lana voller Peinlichkeiten. Darin erfuhr man beispielsweise, dass es bei dem Gatten Artie Shaw nicht klappte, und dass Howard Hughes keine Unterhosen trug.

1992 musste Lana Turner wegen Kehlkopfkrebs operiert werden. Trotzdem hörte sie nicht mit dem Rauchen auf. Am 29. Juni 1995 starb sie im Alter von 75 Jahren in Culver City (Kalifornien) an Krebs. Ihre Leiche wurde eingeäschert. Die Asche soll Verwandten oder Freunden übergeben worden sein, heißt es.

Filme von Lana Turner

1937: A Star Was Born" (Ein Stern geht auf)
1937: Der dritte Grad (They Won't Forget)
1937: The Great Garrick
1938: Die Abenteuer des Marco Polo (The Adventures of Marco Polo)
1938: Love Finds Andy Hardy
1938: Rich Man, Poor Girl
1938: Dramatic School
1939: Dr. Kildare – Unter Verdacht (Calling Dr. Kildare)
1939: These Glamour Girls
1939: Nicht schwindeln, Liebling (Dancing Co-Ed)
1940: Two Girls on Broadway
1940: We Who Are Young
1941: Mädchen im Rampenlicht (Ziegfeld Girl)
1941: Arzt und Dämon (Dr. Jekyll and Mr. Hyde)
1941: Ein toller Bursche (Honky Tonk)
1942: Der Tote lebt (Johnny Eager)
1942: Manila (Somewhere I'll Find You)
1943: Slightly Dangerous
1944: Marriage Is a Private Affair
1945: Keep Your Powder Dry
1945: Weekend im Waldorf (Week-End at the Waldorf)

1946: Im Netz der Leidenschaften (The Postman Always Rings Twice)
1947: Taifun (Green Dolphin Street)
1947: Fesseln der Liebe (Cass Timberlane)
1948: Dr. Johnsons Heimkehr (Homecoming)
1948: Die drei Musketiere (The Three Musketeers)
1950: Mein Leben gehört mir (A Life of Her Own)
1951: Mr. Imperium
1952: Die lustige Witwe (The Merry Widow)
1952: Stadt der Illusionen (The Bad and the Beautiful)
1953: Serenade in Rio (Latin Lovers)
1954: Flame and the Flesh
1954: Verraten (Betrayed)
1955: Tempel der Versuchung (The Prodigal)
1955: Der Seefuchs (The Sea Chase)
1955: Der große Regen (The Rains of Ranchipur)
1956: Diane – Kurtisane von Frankreich (Diane)
1957: Glut unter der Asche (Peyton Place)
1958: Immer Ärger mit den Frauen (The Lady Takes a Flyer)
1958: Another Time, Another Place
1959: Solange es Menschen gibt (Imitation of Life)
1960: Das Geheimnis der Dame in Schwarz (Portrait in Black)
1961: Und die Nacht wird schweigen (By Love Possessed)
1961: Junggeselle im Paradies (Bachelor in Paradise)

1962: Immer nur deinetwegen (Who's Got the Action?)
1965: Heißer Strand Acapulco (Love Has Many Faces)
1966: Madame X
1969: Dosierter Mord (The Big Cube)
1974: Verfolgung (Persecution)
1976: Bittersüße Liebe (Bittersweet Love)
1980: Witches' Brew
1982/1983: Falcon Crest (US-Serie)

Literatur

FEMBIO Frauen-Biographie-Forschung
http://www.fembio.org
HEINZLMEIER, Adolf / SCHULZ, Bernd /
WITTE, Karsten: Die Unsterblichen des Kinos, Band
2, Glanz und Mythos der Stars der 40er und 50er Jahre,
INTERNET MOVIE DATABASE
(Film-Datenbank)
http://www.imdb.com
LUEKEN, Verena: Die Sexgöttin von nebenan. Aus
Anlaß der ARD-Geburtstagsretrospektive für die
Schauspielerin Lana Turner. Frankfurter Allgemeine, 2.
Februar 1990, Frankfurt am Main
PROBST, Ernst: Superfrauen 7 – Film und Theater,
Mainz-Kostheim 2001
PROBST, Ernst: Königinnen des Films, München 2012
PUBLIKUMSLIEBLINGE NICHT NUR VON
GESTERN http://www.steffi-line.de
Internetseite von Stephanie D'heil, Düsseldorf
WIKIPEDIA (Online-Lexikon)
http://wikipedia.org
WINNERT, Derek (Herausgeber): Lana Turner. Aus:
Kino. Die große Welt der Filme und Stars, S. 169, Nie-
dernhausen 1995

Bildquellen

Klaus Benz, Fotograf, Mainz-Laubenheim: 38

Library of Congress, Print and Photographs Division, Washington: 23 (Foto aus den 1940-er Jahren), 6 (Foto von 1941)

Library of Congress, Print and Photographs Division, George Grantham Bain Collection, Washington: 13

Library of Congress, Print and Photographs Division, William P. Gottlieb Collection, Washington (Foto von William P. Gottlieb (1917–2006) zwischen 1946 und 1948): 16

Reproduktion von Fotos eines Mitarbeiters der US-amerikanischen Bundesregierung oder einem seiner Organe in Ausübung seiner dienstlichen Pflichten: 12, 24

Reproduktion eines Fotos von Hurrell and Supplied für CINEGRAF Magazine vom Juni 1934: 10 (via Wikimedia), Lizenz: gemeinfrei (Dieses Bild ist gemeinfrei, weil das Urheberrecht dieser in Argentinien registrierten Fotografie abgelaufen ist. Diese Fotografie wurde entsprechend Gesetz Nummer 11.723, Artikel 34 und seinen Änderungen, sowie entsprechend der Berner Übereinkunft Artikel 7 (4)

vor mehr als 25 Jahren angefertigt und vor mehr als 20
Jahren erstmals veröffentlicht.)
Eiga No Tomo (Foto von 1951): 1, 17 (via Wikimedia
Commons), Lizenz: gemeinfrei (Pubic domain Japan)
JGKlein: 21 (via Wikimedia Commons), Lizenz:
gemeinfrei (Public domain)
Yank, the Army Weekly (26. Oktober 1945): 22

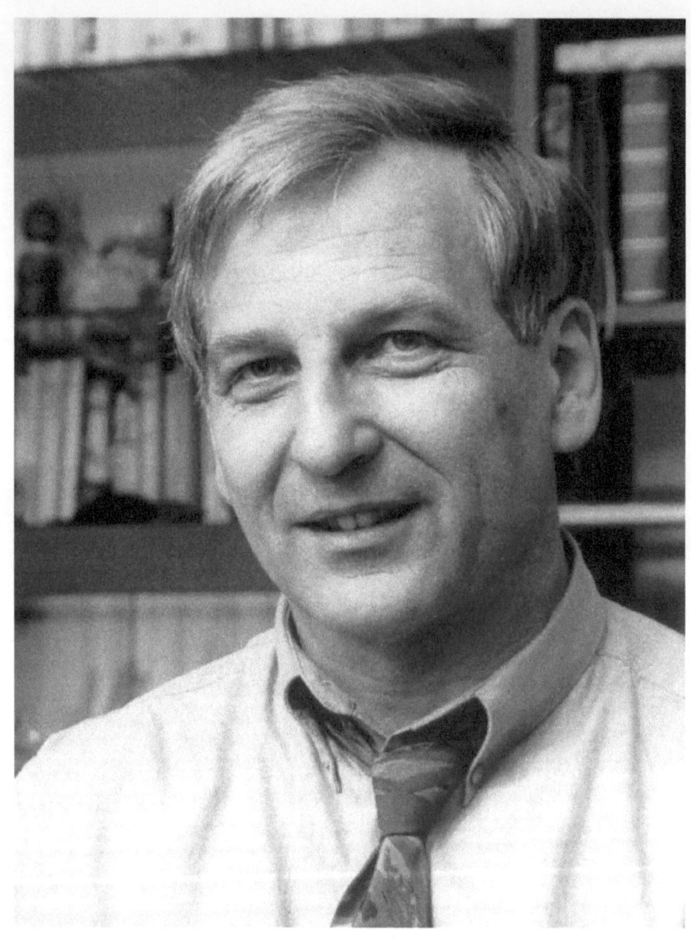

Autor Ernst Probst

Der Autor Ernst Probst

Ernst Probst, geboren am 20. Januar 1946 in Neunburg vorm Wald im bayerischen Regierungsbezirk Oberpfalz, ist Journalist und Wissenschaftsautor. Er arbeitete von 1968 bis 1971 als Redakteur bei den „Nürnberger Nachrichten", von 1971 bis 1973 in der Zentralredaktion des „Ring Nordbayerischer Tageszeitungen" in Bayreuth und von 1973 bis 2001 bei der „Allgemeinen Zeitung", Mainz. In seiner Freizeit schrieb er Artikel für die „Frankfurter Allgemeine Zeitung", „Süddeutsche Zeitung", „Die Welt", „Frankfurter Rundschau", „Neue Zürcher Zeitung", „Tages-Anzeiger", Zürich, „Salzburger Nachrichten", „Die Zeit", „Rheinischer Merkur", „Deutsches Allgemeines Sonntagsblatt", „bild der wissenschaft", „kosmos", „Deutsche Presse-Agentur" (dpa), „Associated Press" (AP) und den „Deutschen Forschungsdienst" (df). Aus seiner Feder stammen die Bücher „Deutschland in der Urzeit" (1986), „Deutschland in der Steinzeit" (1991) und „Deutschland in der Bronzezeit" (1996). Von 2001 bis 2006 betätigte sich Ernst Probst als Buchverleger sowie zeitweise als internationaler Fossilienhändler und Antiquitätenhändler. Insgesamt veröffentlichte er rund 200 Bücher, Taschenbücher, Broschüren und E-Books.

Bücher von Ernst Probst

(Auswahl)

Als Mainz noch nicht am Rhein lag

Annie Oakley
Die Meisterschützin des Wilden Westens

Archaeopteryx. Der Urvogel
aus Bayern

Christl-Marie Schultes. Die erste Fliegerin in Bayern
(zusammen mit Theo Lederer)

Cortés und Malinche. Der spanische Eroberer
und seine indianische Geliebte

Der Europäische Jaguar

Der Mosbacher Löwe
Die riesige Raubkatze aus Wiesbaden

Der Rhein-Elefant
Das Schreckenstier von Eppelsheim

Der Sögel-Wohlde-Kreis

Die nordische Bronzezeit in Deutschland

Die Hügelgräber-Kultur in Deutschland

Die ältere Bronzezeit in Nordrhein-Westfalen

Die Bronzezeit in der Lüneburger Heide

Die Stader Gruppe in der Bronzezeit

Die Oldenburg-emsländische Gruppe

Die Urnenfelder-Kultur in Deutschland

Die ältere Niederrheinische Grabhügel-Kultur

Die Unstrut-Gruppe

Die Helmsdorfer Gruppe

Die Saalemündungs-Gruppe

Die Lausitzer Kultur in Deutschland

Eiszeitliche Leoparden in Deutschland

Frauen im Weltall

Hildegard von Bingen. Die deutsche Prophetin

Höhlenlöwen. Raubkatzen
im Eiszeitalter

Julchen Blasius
Die Räuberbraut des Schinderhannes

Katharina II. die Große.
Die Deutsche auf dem Zarenthron

Johann Jakob Kaup
Der große Naturforscher aus Darmstadt

Königinnen der Lüfte in Deutschland

Königinnen der Lüfte in Europa

Königinnen der Lüfte in Amerika

Königinnen der Lüfte von A bis Z

Rund 70 Kurzbiografien berühmter Fliegerinnen,
Ballonfahrerinnen, Luftschifferinnen,
Fallschirmspringerinnen, Astronautinnen und
Kosmonautinnen

Königinnen des Films

Königinnen des Tanzes

Königinnen des Theaters

Malende Superfrauen

Meine Worte sind wie die Sterne

Die Entstehung der Rede des Häuptlings Seattle
(zusammen mit Sonja Probst)

Monstern auf der Spur
Wie die Sagen über Drachen, Riesen
und Einhörner entstanden

Neues vom Ur-Rhein
Interview mit dem Geologen und Paläontologen
Dr. Jens Sommer

Österreich in der Frühbronzezeit

Österreich in der Mittelbronzezeit

Österreich in der Spätbronzezeit

Pompadour und Dubarry. Die Mätressen
von Louis XV.

Raub-Dinosaurier von A bis Z.
Mit Zeichnungen von Dmitry Bogdanav
und Nobu Tamura

Rekorde der Urmenschen
Erfindungen, Kunst und Religion

Rekorde der Urzeit
Landschaften, Pflanzen und Tiere

Säbelzahnkatzen. Von Machairodus
bis zu Smilodon

Säbelzahntiger am Ur-Rhein. Machairodus
und Paramachairodus

Superfrauen aus dem Wilden Westen

Tony und Bruno Werntgen. Zwei Leben für die Luftfahrt
(zusammen mit Paul Wirtz)

Was ist ein Menhir?
Interview mit dem Mainzer Archäologen
Dr. Detert Zylmann

Weisheiten der Indianer

Wer ist der kleinste Dinosaurier?
Interviews mit dem Wissenschaftsautor Ernst Probst

Wer war der Stammvater der Insekten?
Interview mit dem Stuttgarter Biologen
und Paläontologen Dr. Günther Bechly

Zenobia von Palmyra.
Eine Frau kämpft gegen die Römer

Bestellungen bei: http://www.grin.com